國寶故事 4

宋朝的廣告

濟南劉家功夫針鋪銅版

趙利健 著

李蓉 繪

中華教育

國寶故事 4：
宋朝的廣告——濟南劉家功夫針舖銅版

趙利健 / 著
李蓉 / 繪

責任編輯：王玫
裝幀設計：李洛霖
排版：李洛霖
印務：劉漢舉

出版 / 中華教育

香港北角英皇道 499 號北角工業大廈 1 樓 B
電話：（852）2137 2338 傳真：（852）2713 8202
電子郵件：info@chunghwabook.com.hk
網址：http://www.chunghwabook.com.hk

發行 / 香港聯合書刊物流有限公司

香港新界大埔汀麗路 36 號 中華商務印刷大廈 3 字樓
電話：（852）2150 2100 傳真：（852）2407 3062
電子郵件：info@suplogistics.com.hk

印刷 / 美雅印刷製本有限公司

香港觀塘榮業街 6 號海濱工業大廈 4 字樓 A 室

版次 /2020 年 5 月第 1 版第 1 次印刷
©2020 中華教育

規格 / 正 12 開（230mm x 240mm）
ISBN/978-988-8675-39-5

文明的誕生，是漫漫長路上的不懈探索，是古老時光裏的好奇張望，是平靜歲月中的靈光一現，是市井歲月中的靈光一閃，是一筆一畫間的別具匠心。

　　博物館裏的文物是人類文明的見證，向我們無聲地講述着中華文明的開放包容和兼收並蓄。喚起兒童對歷史興趣的最好方式，就是和他們一起，在精采的故事裏不斷探索、發現。

　　本套叢書根據兒童的心理特點，以繪本的形式，將中國國家博物館部分館藏文物背後的故事進行形象化的表現，讓孩子們在樂趣中獲得知識，在興趣中分享故事。一書在手，終生難忘。

　　在每冊繪本正文之後都附有「你知道嗎」小板塊，細緻講解書中畫面裏潛藏的各種文化知識，讓小讀者在學習歷史知識的同時，真正瞭解古人生活。而「你知道嗎」小板塊之後的「知道多些」小板塊則是由知名博物館教育推廣人朋朋哥哥專門為本套圖書撰寫的「使用說明書」，詳細介紹每件文物背後的歷史考古故事，涵蓋每冊圖書的核心知識點，中文程度較好的小讀者可以挑戰獨立閱讀，中文程度仍在進步中的小朋友則可以由父母代讀，共同討論，亦可成為家庭增進親子關係的契機。

　　希望本套圖書能點燃小朋友心中對文物的好奇心，拉近小朋友與歷史的距離，成為小朋友開啟中國歷史興趣之門的鑰匙。

編者

宋朝的濟南府的小巷子裏，住着一個叫劉大
的鐵匠。鄰居們都叫他「劉大呆」。

　　以前大家可不會這麼叫他，劉大是個很有前途的鐵匠，他在濟南府最大的鐵匠鋪當學徒，鐵鋤鐵鏟，斧子鐮刀，師傅只要教一遍，劉大就能把它們做好。師傅很喜歡這個聰明的小伙子。

可是有一天，劉大突然跟師父說，這些東西很多鐵匠都能做並且也能做得很好，他想做一種一般人輕易做不來，大家卻很需要的東西——針。

從此以後，劉大就像着了魔一樣，天天琢磨着怎麼才能把針做得更好。他幹活的時候總是走神。師傅既無奈又生氣，只好讓他捲鋪蓋回家了。

為甚麼劉大這麼想做針呢？原來他做學徒後，衣服經常被爐火燒出一個一個的破洞。劉大的母親要經常給他縫補衣服，可是那些縫衣針實在是不好用。

10

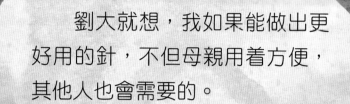

劉大就想，我如果能做出更好用的針，不但母親用着方便，其他人也會需要的。

劉大回家後一門心思做最好用的針，每天都叮叮咣咣地捶打，經常搞得汗流浹背。

好好的鐵匠不做，天天就琢磨怎麼做縫衣針，鄰居們都開玩笑地叫他「劉大呆」。

整整研究了一年， 劉大終於做出了自己
滿意的針，他做的針結實又好看，亮閃閃的，
用久了也不會生鏽，針尖兒也不會鈍。

大家都說劉大呆挺厲害嘛，做的針真
是一級棒。劉大很得意，他開了個鋪子，
專門賣自己做的縫衣針。

雖然劉大的針做得特別好，可只有周圍的鄰居們知道。他的針又做得那麼結實，很久都用不壞，鋪子裏一個月也賣不掉幾根針。日子過得很困難不說，劉大每天也閒得發慌。

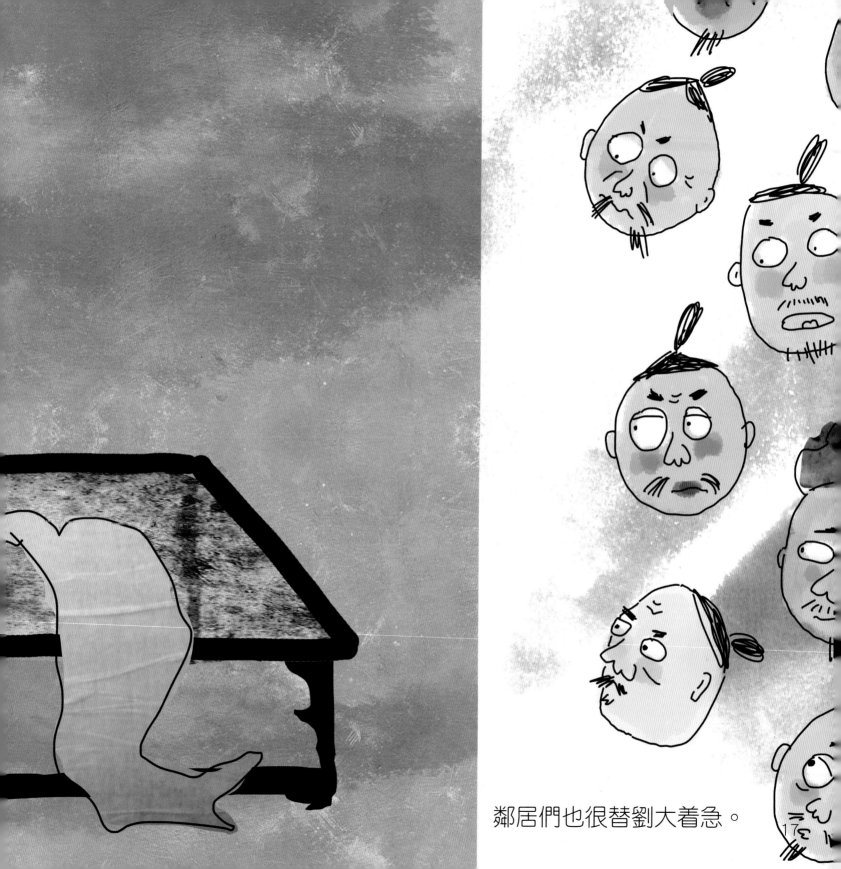

鄰居們也很替劉大着急。

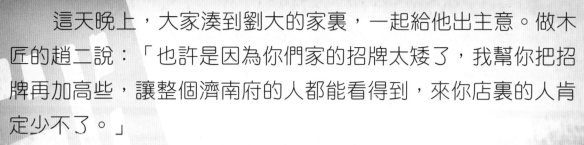

這天晚上，大家湊到劉大的家裏，一起給他出主意。做木匠的趙二說：「也許是因為你們家的招牌太矮了，我幫你把招牌再加高些，讓整個濟南府的人都能看得到，來你店裏的人肯定少不了。」

整個濟南府的人都能看到，那招牌還不得掛到月亮上去呀，這個主意可真不靠譜。

做風箏的王三說：「哪用那麼麻煩，我來做個特大號的風箏，把你的店名寫上，放到天上，要多高有多高。」

特大號的風箏……那要是風停了呢？這個主意也不靠譜。

養鳥的陳四說：「我教我養的八哥學會說你家店的名字，然後把牠帶到最熱鬧的大街上，讓牠說給大家聽。」

劉家功夫針鋪

刷牆的孫五說：「我把你家店的名字寫在大街的牆上，街上人來人往的，大家都能看得見。」

大家說來說去，好像都不太靠譜。

突然，擺字攤的朱六有了個主意！

「把這個針到底怎麼好寫在紙上，發給大家看！」

「不用寫，我把字**印出來**更好！」開印坊的田七叫道。

印甚麼字好呢？

劉大說：「我做針的材料是**最好**的鋼材，這個一定要寫。」

趙二說：「這麼好的針是花了**很多功夫**才做出來的，這個也應該寫。」

王三說：「不管是甚麼人用，這種針都很棒，不會耽誤事，這個也得寫。」

陳四說：「要是有人幫劉大賣針，還可以給他些好處，這個也要寫。」

大家你一言我一語地說了很多，朱六全都記了下來。

孫五說：「在那紙上畫隻**兔子**吧！然後在你家針鋪門口放上一隻石頭兔子，別人來找你的鋪子，找到它就找到鋪子了。」

要印的內容寫好了，這下誰看到這個都能明白劉家針鋪的針特別好啦！

田七按朱六寫的樣子作出了**印版**，印了好多好多份發到大街上。大家還從來沒見過用這種方法介紹一家針舖的呢，又有字又有畫，真是新奇。

　　來買針的人一下多了起來，顧客買的針也都用這種印好的
紙來包，人們回家後把這張紙拿給自己的親戚朋友看，更多的
人知道了劉大的針舖。劉大的店越開越大，成了濟南府最有名
的針舖，人們爭相來他的店裏當學徒。

大家再也不叫他「劉大呆」了，都叫他「劉大師」。

現在，「濟南劉家功夫針舖」的廣告印版被收藏在了**中國國家博物館**，如果你有機會去那裏參觀，可要好好留意一下。

［宋］濟南劉家功夫針舖
藏於中國國家博物館

這家店是做甚麼生意的

這家店的招牌上面寫着「久住張努才家」幾個字。「久住」是宋代旅店業的常用語，所以這大概是一家姓張的人開的旅館。宋代的商品經濟十分發達，商人們在經商途中往往要攜帶很多貨物，住店的商旅非常關心這些貨物的存放問題，因此宋代的旅館不僅提供住宿服務，還大多經營着貯存貨物的業務。

他們在幹嗎

畫面中，右邊的人拿着一把剃刀，看來他是在幫顧客修剪鬍鬚。古人的長髮和鬍鬚都很難由自己打理，因此理髮和剃鬚都由理髮匠代勞。據說在漢代就有職業的理髮匠出現了，在南朝時期，士族子弟「無不熏衣剃面」無疑讓理髮匠有了大顯身手的機會，而到了宋代，理髮剃鬚已經成為一種較為成熟的行業——淨髮行。

街邊的「涼茶舖」

傘下的小牌子上寫着「飲子」的字樣，「飲子」類似於我們常說的飲料，「香飲子」則是在「飲子」的基礎上添加了有香味的材料。你是不是迫不及待想嘗一嘗呢？且慢，且慢，「飲子」的味道可不像甜絲絲的汽水，它是用中藥熬製而成的，很像今天的涼茶。雖然味道可能比不上汽水的味道，但這種飲料有清熱、防暑祛濕的功效，在夏天很受歡迎呢！

這可真是個窮苦的人家

為甚麼這麼說呢？因為到了宋代，傢具的品種已經十分豐富。在富貴人家，床、榻、桌、案、凳、箱、櫃、衣架、巾架、盆架等一應俱全，即使是平常人家，擁有桌椅等傢具也已經司空見慣。而劉大家中只有板凳和低矮的案子，可見真的是十分窮苦了。

一把剪刀

唐代詩人賀知章說「二月春風似剪刀」，宋代詩人梅堯臣說「春風騁巧如剪刀」，這說明唐宋時期剪刀已經為人所熟知。不過最早的剪刀可不是長這個樣子，目前已發現的中國最古老的剪刀是西漢時期的交股式鐵剪刀，距今已經有兩千多年了。

這是足球嗎

這種球叫鞠，是一種皮製的球，古人稱踢球為「蹴鞠」。據說早在戰國時代，蹴鞠運動就在齊國的都城臨淄開始出現。漢代時蹴鞠曾被視為「治國習武」之道，在軍隊和官廷中流行。而到了宋代，蹴鞠運動廣受人們喜愛，就連宋太祖趙匡胤都是不折不扣的「球迷」呢！

針是怎麼做出來的

俗話說「只要功夫深，鐵杵磨成針」，那針一定是磨出來的嗎？早在山頂洞人時期已經有骨針出現，那時的針確實是原始人一下一下磨製出來的。宋代的煉鋼技術已經較為成熟，因此宋代人使用的針多為金屬針，這種針不僅需要磨製，還需要經過高溫淬火等工藝，經過淬火的針既耐磨又不易折斷，所以宋代的針已經非常結實耐用啦！

劉大是躺在床上嗎

準確地說，劉大正躺在「榻」上呢！榻是古代的一種坐臥用具，先於桌、椅、床等問世。那它和我們現在的床有甚麼區別呢？從外觀來看，榻相較於我們今天的床，要來小、低矮些。而從用途上來說，古代的榻既是坐具也是臥具，供休息和待客使用。

養鳥的陳四

宋代是一個文化藝術快速發展的時期，與文化藝術有關的事物和娛樂活動都特別受人們的喜愛。宋代人喜愛親近自然，反映在日常生活中，就是他們對花鳥的興趣濃厚。賞鳥、養鳥已經成為宋代人一項重要的興趣愛好，而且除了王公貴族、文人雅士和富商大賈，民間藝人、手工工匠、小商販等也紛紛加入其中，民宅、空地、茶樓、酒肆……處處都能見到養鳥人的身影。宋代人的生活還真是愜意呀！

如何製作雕版

仔細觀察雕版和印刷出來的廣告，你發現了甚麼？雕版上的圖象和印刷出來的圖象是相反的，就像我們照鏡子時鏡中人和自己一樣。沒錯，刻版時要將需要印的圖案反刻在雕版上，印出來的字才會是正的。如何製作雕版呢？首先，找一張薄紙，把設計好的圖案和文字寫在上面，然後將有字的一面貼在雕版上，再用刻刀把其餘空白的部分剔除，使雕版上刻出的字凸出版面一兩毫米，再將雕版沖洗乾淨，雕版就完成了。

印刷術

印刷術是中國古代的四大發明之一，而雕版印刷是最早的一種印刷形式。你可不要小看這小小的一塊雕版，有了它，劉大的廣告想印多少就可以印多少啦！你手中的這本書，你家裏的報紙、雜誌，都是印刷出來的。在印刷術被發明之前，重要的書籍和文章只能採用手抄的方式複製，費時又費力，還經常出現錯別字呢！

縫衣針的大市場

朋朋哥哥

在現代生活中，我們處處都能看到廣告的蹤影，就連在戲院裏看個電影，也得耐着性子看片頭的各種廣告。那古代的廣告是從甚麼時候開始出現的呢？古代的廣告又是甚麼樣子的？這些問題可以在中國國家博物館陳列的一塊銅版上找到答案，它就是中國乃至世界最古老的商標廣告實物——濟南劉家功夫針鋪銅版。

精心設計的商標

這塊銅版長 13.2 釐米，寬 12.4 釐米，銅版頂部的醒目位置說明了這家「企業」的字號：濟南劉家功夫針鋪。針鋪的主要產品是生活中必需的縫衣針。這位老闆已經有了「商標保護」的意識，字號下方中央的區域是一隻豎着耳朵的兔子，手裏還握着根

棍子。牠在做甚麼呢？有人說牠正在磨針，現在不是還流傳着「只要功夫深，鐵杵磨成針」的故事嗎？也有人說牠正在搗藥，牠或許就是嫦娥奔月的故事裏，陪着嫦娥住在廣寒宮裏的那隻白兔。當然，無論是磨針還是搗藥，應該都是婦女們很感興趣的話題，這樣的設計是不是有意為之呢？針的主要消費群體是婦女，想讓她們清晰地辨識和記住產品，圖畫是傳遞信息最好的載體了。為了提醒消費者認準這個商標，老闆還在畫面兩側留下了「認門前白兔兒為記」的字樣。

批發加零售

如果我們稍加留心就會發現，實際上這塊銅版是分為兩部分的，上半部分說明的是「字號」和「商標」等重要信息，而下半部分就是廣告文案的正文了。因為年代久遠，銅版上有些字已經模糊不清，很難準確地辨識出來，不同的專家對此有不同的解讀，下面就介紹其中一種：「收買上等鋼條，造功夫細針。不誤宅院使用，轉賣興販，別有加饒。請記白。」其中，最有趣的是這樣兩個信息，一個說明了這家「企業」的信譽，「收買上等鋼條，造功夫細針」，

聽着像不像是一句響亮的廣告語？另外一個是「轉賣興販，別有加饒」，意思是買得多了還可以有優惠，體現了薄利多銷的經銷理念。看來，這家「企業」有時候也會有大宗的批發業務呢！

廣告用在哪兒

為了避免廣告版使用久了會變形、損毀，老闆選用的是銅版，在整塊銅版上雕刻出圖文並茂的內容，再藉助印刷術印刷出來。那麼，印刷出來的廣告都可以用在哪些地方呢？古時的人們在售賣一些產品時，也會隨產品夾入一些單頁，類似於今天的「產品說明書」，用來說明產品的信息，人們把這些單頁叫作「仿單」或「裏貼」，大小用來包裹產品正合適，也許無意間還會被鄰里看到，又吸引了新的消費者。當然，如果把它們作為招貼畫張貼在店內或戶外，也能起到很好的宣傳作用，就是尺寸可能小了些！

傳奇經歷

1945年抗日戰爭勝利後，上海市博物館籌備重新開放，需要收藏和展示更多文物。於是，著名歷史學家楊寬先生和博物館工作人員就常去古玩市場「物

色」古董，他們在一家古董店裏買到了這塊銅版，但當時只覺得它是一件難得的文物，真正挖掘出它在廣告史方面價值的是徐百益先生。徐百益先生被認為是中國廣告業的先驅，1957 年他在參觀博物館時偶然發現了這塊銅版，認為它是迄今為止世界上發現的最早的商標廣告實物，證明中國廣告比歐洲廣告的出現早了二四百年。

因為這塊銅版是在古董市場發現的，人們並不知道它出土於哪裏，很多人在「濟南劉家功夫針鋪」前加上了「山東」，但這家針鋪的所在地真是在山東嗎？宋代很多商家即便經營地不在原籍，也會在「字號」裏體現原籍的信息，現在也是這樣，想想看，賣剪刀的「杭州張小泉」店舖一定是在杭州嗎？不一定。所以這件文物留給人們的謎團還有很多，期待着未來能夠被破解。

宋代的商品經濟空前繁榮，城市裏有着遍佈大街小巷的各類商舖，在畫家張擇端的《清明上河圖》中，我們就能在汴梁城東門附近的十字路口看到店舖用米招攬生意的各類廣告牌。廣告的形式雖然有很多，比如招牌、幌子、叫賣，但用銅版印刷出的「小廣告」則是更富有創意的一種廣告形式。